NOTICE NÉCROLOGIQUE

SUR

L'ABBÉ CH. BERTON

CHANOINE HONORAIRE, SUPÉRIEUR DE L'ÉCOLE SAINT-MARTIN

PAR L'ABBÉ J. CORBLET

CHANOINE HONORAIRE, HISTORIOGRAPHE DU DIOCÈSE.

M. l'abbé Berton, Supérieur de l'Ecole libre de Saint-Martin, chanoine honoraire d'Amiens et de Perpignan, membre de l'Académie du département de la Somme, est décédé samedi soir, 17 novembre, à l'âge de 41 ans, après une maladie de trois jours. Souffrant depuis longtemps de la poitrine, il avait un tempérament frêle et débile qui aurait exigé des soins qu'il songeait rarement à s'accorder ; frappé récemment dans ses plus intimes affections par la mort inattendue de l'une de ses sœurs, il a dû ressentir une de ces commotions violentes qui, en bouleversant l'âme, font éprouver à tout l'organisme leurs terribles contre-coups. Cependant, rien ne pouvait faire prévoir cette fin prématurée qui ravit l'abbé Berton à la tendresse d'une famille déjà si cruellement éprouvée, à l'affection des amis qui appréciaient en lui tant de nobles qualités, à l'estime de tous ceux qui connaissaient la profondeur de ses conceptions philosophiques, à l'œuvre qu'il avait fondée avec tant d'ardeur et à laquelle il voulait consacrer toute sa vie.

Charles Berton est né à Abbeville, en 1825. A l'âge de seize ans, il avait terminé d'excellentes études sous l'unique direction de son père, professeur de seconde au Collége de sa ville natale.

Nous le voyons encore arriver au Séminaire, tout embarrassé d'un costume dont la gravité contrastait avec ses allures juvéniles, charmant tout le monde par cette mine fraîche et épanouie qu'il devait si tôt perdre, et par cette simplicité naïve et candide qu'il devait toujours conserver. Ce fut bientôt l'enfant gâté de la maison. On se demandait avec quelque appréhension comment il pourrait s'habituer aux austères études de la théologie, et on fut bien surpris de voir qu'il avait une organisation des plus richement douées pour tout ce qui est du domaine du raisonnement et de l'abstraction. En passant des jeux de l'enfance aux sérieuses luttes de la scolastique, il s'était trouvé dans son élément naturel, et, sans trop d'efforts, il devança bientôt dans la carrière ceux qui l'avaient accueilli par un sourire de protection et d'indulgence.

Quand l'abbé Berton eut terminé ses études ecclésiastiques, il était encore loin d'avoir l'âge requis pour entrer dans le sacerdoce. Sur la proposition des Lazaristes, qui ont un collége florissant à Constantinople, il alla professer les humanités dans cet établissement, préludant ainsi à l'œuvre qui devait couronner sa vie. C'est de là qu'il se rendit à Jérusalem, qu'il visita la Judée et ensuite l'Italie. Il a consigné ses souvenirs dans l'ouvrage intitulé *Quatre années en Orient,* où l'on trouve une foule d'observations pleines de justesse, qui lui sont entièrement personnelles, exprimées dans un style déjà ferme, quoiqu'il n'ait pas encore acquis toute la plénitude de sa forme.

Revenu en France en 1851, l'abbé Berton fut nommé vicaire de la Cathédrale. Tout en remplissant les fonctions de son ministère, et en soignant ses instructions religieuses, dont un style épuré mettait en relief la solide doctrine, il se livra dès lors, avec une ardeur soutenue, à l'étude de la philosophie chrétienne et de la théologie dogmatique. Dans toutes les questions, il saisissait d'instinct le côté théorique plutôt que l'aspect pratique ; il aimait à remonter à l'origine des principes, à analyser subtilement tous les phénomènes de l'intelligence et à transporter la discussion dans les hautes régions de l'idée abstraite. Il n'était point toujours facile de le suivre dans ses rapides déductions, où la clarté de la parole restait parfois inférieure à la netteté de la pensée. Mais on était certain de ne point se laisser égarer par lui dans ces âpres voies, dont il connaissait les moindres détours et dont il parvenait à éviter tous les écueils.

M. Berton savait parfois s'arracher aux charmes de la spéculation pour aborder les choses pratiques, il en a donné la preuve en implantant à Amiens l'*Œuvre des Ecoles d'Orient,* et en fondant le *Cercle Notre-Dame* où de nombreux abonnés, pour une modique somme de douze francs, ont à leur disposition des journaux politiques, des revues littéraires et une bibliothèque composée des meilleurs ouvrages contemporains.

Ces quelques excursions dans le domaine de la vie active ne pouvaient point néanmoins faire présager l'œuvre qu'allait fonder l'abbé Berton. En 1863, il conçut le projet d'établir une école libre, où les jeunes gens qu'on ne destine pas à l'étude des langues anciennes, pourraient trouver tout à la fois une solide instruction appropriée aux besoins de leur avenir et une éducation profondément chrétienne qui soit une sauvegarde pour tous les orages de la vie, et une semence féconde pour la perpétuelle moisson des élus.

Tous les amis de M. Berton —et pourquoi ne dirais-je pas que je fus du nombre? — le détournèrent d'une pareille entreprise. Le projet, lui disait-on, était excellent, mais ne pouvait pas être réalisé par lui. Homme de cabinet, plongé jusqu'ici dans l'isolement de l'étude, absorbé dans les contemplations psychologiques, éloigné des relations sociales, ignorant le maniement des affaires, pourrait-il mener à bien une œuvre qui exige l'activité extérieure, la science du monde, l'habileté des négociations, et par dessus tout un esprit pratique. Ces objections lui furent faites par bien des voix et même par celles qui avaient une autorité plus grande que celle de l'amitié. L'abbé Berton n'en persévéra pas moins dans sa pensée; il transforma sa vie, prit congé de ses habitudes, multiplia ses démarches, trouva des actionnaires, apprit rapidement tout ce qu'il ignorait des choses usuelles de la vie, et ouvrit son établissement avec une confiance qui alors avait bien peu d'échos. Le succès si rapide et si complet de l'Ecole Saint-Martin nous a donné tort à tous, et a prouvé qu'une volonté énergique, inspirée par un sentiment de foi, bénie par la Providence, pouvait triompher de tous les obstacles et de toutes les impossibilités La réussite d'une telle entreprise, tentée par un autre, ne mériterait assurément que des éloges ordinaires ; réalisée par l'abbé Berton, c'est une œuvre d'héroïsme sacerdotal ; et en écrivant ce mot, dont on abuse si souvent, je ne crains pas d'être taxé d'exagération par ceux qui connaissaient intimement les aptitudes et les goûts du Supérieur de Saint-Martin, et qui comprennent quel sacrifice il faut s'imposer pour s'arracher à des études qui sont devenues, non pas seulement le charme, mais la passion de la vie.

Avant la réalisation de l'œuvre, on avait été frappé de tout ce qui pouvait en éloigner son futur fondateur ; quand elle fut inaugurée, on remarqua toutes les qualités qui l'y rendaient propre : une merveilleuse entente des grandes lois de l'éducation ; un dévouement absolu, qu'il savait faire partager à tous ses collaborateurs ; une piété communicative, qui se traduisait plus encore par des exemples que par des paroles ; une bonté modeste et sans bruyante expansion, qui lui attirait bientôt la durable affection de ses élèves ; enfin, une simplicité toute naïve, qui adoucissait en lui l'autorité des années et semblait lui prêter une sympathique conformité d'âge avec l'enfance.

Veut-on savoir quelle compensation matérielle avait demandée le Supérieur de Saint-Martin, pour ce renoncement à lui-même, pour ce labeur qui absorbait toutes les heures du jour ? Il avait fixé lui-même son traitement et touchait 600 francs par an !

Le temps nous manque pour apprécier ici toutes les œuvres littéraires de notre regrettable ami. Il suffira de les indiquer à la hâte. Outre ses *Quatre années en Orient*, il a publié un *Parallèle des doctrines religieuses et philosophiques avec la foi catholique*, un *Dictionnaire historique des Cardinaux*, un opuscule substantiel intitulé : *Socialisme et Charité*, divers articles insérés dans la *Revue des Sciences ecclésiastiques*, et, ce qui est son œuvre capitale, l'édition de Suarez, où il a fait preuve d'une science théologique si approfondie. N'oublions pas de dire qu'il a pris sa part dans la traduction des œuvres de Grenade ; qu'il coopérait activement aux *Comptes-rendus des Conférences du diocèse ;* et que, chargé d'une mission scientifique en Espagne, il a adressé un savant rapport au Ministre de l'instruction publique sur les établissements scolaires de la Péninsule, comparés avec ceux qu'il avait précédemment étudiés en Angleterre et en Belgique.

Reçu membre de l'Académie d'Amiens, le 11 juin 1858, le récipiendaire prit pour sujet de son discours : *la Démonstration philosophique de la création*, et montra qu'il n'était étranger à aucune des investigations modernes sur les plus hauts problêmes de la philosophie fondamentale. Plus tard, dans une lecture sur *les Etudes mythologiques*, il résumait habilement les plus récents travaux de l'érudition française et germanique, sur une science qui est loin d'avoir dit son dernier mot.

Dans ses deux derniers travaux insérés dans les Mémoires de l'Académie, *Une idée de la Bible* et *le Psaume In exitu*, il y a un heureux mélange de science et d'imagination, de philosophie et de poésie, qui s'alliait aussi harmonieusement dans ses écrits que dans le cours ordinaire de ses pensées.

On pourrait croire qu'il a eu un vague pressentiment de sa fin prochaine. Sa foi, toujours si vive, jetait des lueurs plus ardentes ; sa piété, toujours si tendre, éclatait en exhortations plus persuasives. Chaque soir il restait longtemps agenouillé dans sa chapelle, où il était si heureux de pouvoir adorer le Saint-Sacrement. Peut-être alors, songeant à sa santé débile, remettait-il aux soins de la Providence cette œuvre qu'il sentait s'échapper de ses mains, et faisait-il le sacrifice de sa vie aussi généreusement qu'il avait fait celui de ses goûts.

Après avoir admirablement édifié, pendant trois jours de souffrances, tous ceux qui l'entouraient, l'abbé Berton a rendu son âme à Dieu, en laissant au clergé deux beaux exemples, celui de sa mort et celui de sa vie.

L'abbé J. CORBLET.

Peu de jours avant sa mort, l'abbé Berton me communiquait une Ode à Pie IX, sur l'*Eglise*, qu'il avait l'intention de retoucher et de lire à une prochaine séance de l'Académie d'Amiens. On nous saura gré de publier ici cette dernière pensée littéraire. C'est comme une fleur d'automne qui s'épanouit sur un tombeau, pour répandre autour d'elle les mélancoliques parfums du souvenir !

L'ÉGLISE.

ODE A PIE IX.

Cum infirmor, tunc potens sum. (S. Paul)

I.

Mille complots cernent l'Eglise ;
Mais, ô chrétiens, ne craignez pas
Que l'immortalité promise
Lui soit ravie en ces combats.
Dieu cessa-t-il jamais sur elle
D'étendre une main paternelle,
Ou de la fouler au pressoir ?
Quand put-elle, appelée aux armes,
Voir ses triomphes sans alarmes,
Ou ses défaites sans espoir ?

II.

L'Eden aux éternels ombrages
Vit le premier de nos aïeux,
Du mal ignorant les orages,
Croire à l'Ange exilé des cieux.
Lorsque, pour prix de sa faiblesse,
Frappé d'une loi vengeresse,
Adam voyait fuir son bonheur,
Dieu releva sa créature
Plus près de sa propre nature,
Par la promesse d'un Sauveur.

III.

Les torrents du déluge grondent,
Et pour punir mille forfaits,
Voici que partout ils inondent
Et les vallons et les sommets.....
Sur l'avenir, le Seigneur veille !
Tandis que le remords s'éveille
A l'approche de ces fléaux,
L'arche triomphante promène
Sur l'affreuse et mouvante plaine,
Les pères de peuples nouveaux.

IV.

Plus tard l'humanité flétrie
Suscite un déluge d'erreurs,
Et la sanglante idolâtrie
Règne en tyran sur bien des cœurs.
Dieu prend à part un patriarche :
Sa race devient une autre arche
Qui, voguant sur ces flots impurs,
Toujours échappe à la détresse,
Pour porter la grande promesse
Aux hommes des siècles futurs.

V.

Pour élever ses pyramides,
Pharaon, jaloux et cruel,
Condamne aux travaux homicides
La postérité d'Israël.
Vains efforts ! Il pleut des miracles.
Israël, bravant les obstacles,
Chemine par le fond des mers ;
Au Sinaï, frappé de crainte,
Il reçoit d'en haut la Loi sainte
Qu'il doit montrer à l'univers.

VI.

Près des fleuves de Babylone,
Il pleure ; et, songeant à Sion,
Aux rameaux du saule abandonne
Ses harpes qui n'ont plus de son.
O douleur deux fois salutaire !
Errant, Israël sur la terre
Répand la divine lueur ;
Rentrant dans sa douce patrie,
Il chassera l'idolâtrie
Comme un infâme usurpateur.

VII.

Les temps sont arrivés. C'est l'heure
Où vers le fils de Jehovah
Ce peuple pousse un cri : « Qu'il meure ! »
La croix se dresse au Golgotha.....
Mais son supplice fait sa gloire,
Son trépas est une victoire ;
C'est le rachat du genre humain;
Et cette féconde agonie,
Couronnant une telle vie,
Mettra tous les cœurs en sa main.

VIII.

Persécutée après son maître,
L'Eglise vit dans les soupirs,
Et semble près de disparaître
Noyée au sang de ses martyrs...
Non, non, ce sanglant témoignage
Est le plus solennel hommage
Qu'elle pût rendre au divin Roi ;
Cette héroïque patience
Est une immortelle semence
De force, d'ardeur et de foi.

IX.

En vain la perfide hérésie
Sort des entrailles de l'enfer,
Espérant contre le Messie
Etre plus forte qne le fer.
Vous qui bouleversez le monde,
Ecoutez cette voix qui gronde :
C'est l'éloquence des Docteurs.
Par eux, l'Homme-Dieu sur la terre,
Va verser des flots de lumière
Sur les ténèbres des erreurs !

X.

Où vont ces barbares en foule
Portant le pillage et la mort?
Est-ce le monde qui s'écroule?
C'est le signal d'un meilleur sort!
Dieu n'a permis cette avalanche
Que pour qu'un sang viril s'épanche
Aux veines des peuples vaincus,
Et pour que les saints monastères
Excitent par leurs lois austères
L'essor des plus nobles vertus.

XI.

Couvert de la peau du prophète,
Luther, par de haineux discours,
Sème une infernale tempête.
Mais Dieu la dirige en son cours;
Et, pour ouvrir un champ fertile
Aux triomphes de l'Evangile,
Un monde inconnu sort des flots.
Ainsi sous le fer qui retranche
Les rameaux mourants d'une branche,
Renaissent des bourgeons nouveaux

XII.

Naguère un désastreux orage
Sur l'antique et sainte Cité
Versa les horreurs du carnage,
Au cri menteur de liberté.
Rome ! la France triomphante
Brise la cohorte insolente
Qui prédisait si haut ta fin.
Une ère nouvelle commence
Où le doigt de la Providence
T'assigne un plus vaste destin !

XIII.

Ainsi de ta douleur amère
O sublime Pontife-Roi !
Dieu tire un baume salutaire
Pour vivifier notre foi.
Déjà tes enfants plus fidèles
Hâtent, rassemblés sous tes ailes,
Le jour de la grande unité ;
Déjà ceux du dehors s'étonnent
Qu'à leurs yeux par moments rayonnent
Des éclairs de la vérité.

XIV.

Hélas ! devant cette lumière,
Plus d'un n'ouvrira point son cœur
Et refusera la prière
Qui désarmerait le Seigneur.
Oh ! vers ces âmes défaillantes
Jetons des paroles brûlantes,
Tendons une amicale main ;
Et, s'ils sont sourds au cri d'alarme,
Aujourd'hui, sur eux, une larme!....
Eux seuls pourront pleurer demain.

XV.

Un jour la vieillesse du monde
Rira des promesses de Dieu
Et de Satan l'armée immonde,
Triomphera presque en tout lieu !....
Que vois-je ! Le roi du tonnerre
Au dernier jour qui luit sur terre
Confond ses ennemis vaincus.....
Cette fois, c'est la délivrance ;
Adieu combats, adieu souffrance
Et gloire éternelle aux élus !

11

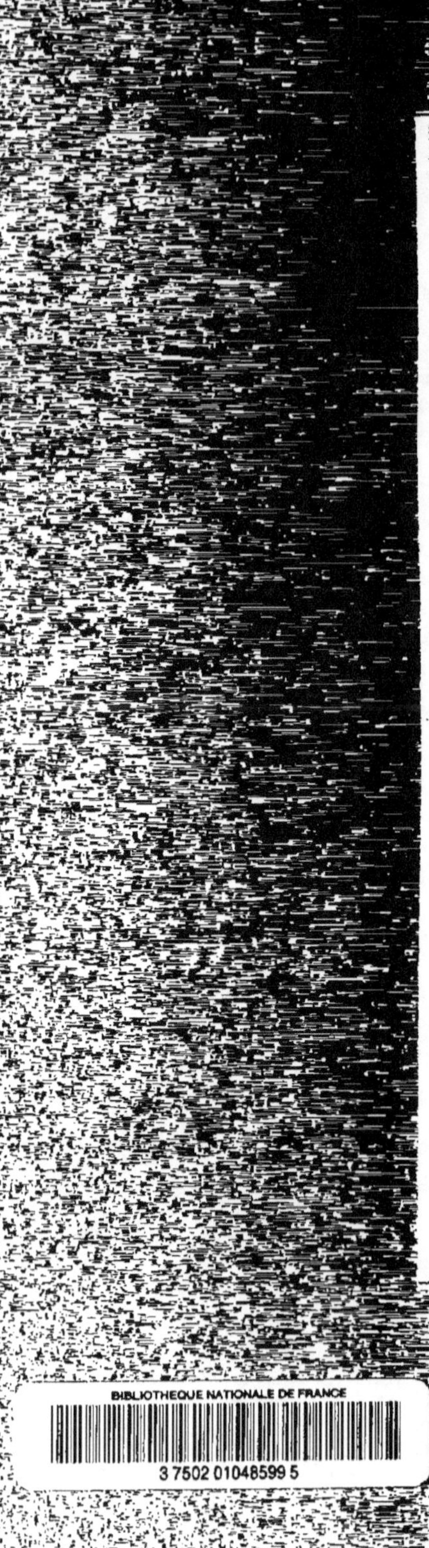

www.ingramcontent.com/pod-product-compliance
Lightning Source LLC
LaVergne TN
LVHW010251230826
846091LV00007B/2915

* 9 7 8 2 0 1 3 2 6 9 1 5 5 *